MÉMOIRE

SUR CERTAINS

INTÉRÊTS DE POLITIQUE EXTÉRIEURE,

D'UNE HAUTE IMPORTANCE,

Adressé au Gouvernement de la République.

Jamais révolution ne s'est opérée dans des circonstances plus favorables à son succès, que celle qui du même coup et en 24 heures, a bouleversé l'édifice politique et social de la France jusque dans ses fondements les plus profonds, et, d'une même commotion électrique, a, par la seule influence d'imitation, ébranlé tous les trônes et tous les États de l'Europe. — Jamais Gouvernement, sorti du chaos de la révolte, n'a trouvé moins de résistances et plus de facilités pour se substituer à celui que venait de renverser le hasard d'un événement imprévu, à l'immense surprise de la France entière et de ceux même qui en ont été les agents ou les aveugles instruments. Le pouvoir était resté tout seul, sans protection intelligente, sans système de défense arrêté, livré à l'incertitude et à l'effroi des événements. Seul, il avait fui devant la colère populaire, et la monarchie a péri sous l'audace d'un simple coup de main, comme un poste mal gardé emporté par surprise.

C'est alors qu'illuminée, pour ainsi dire, par le sentiment inné de sa propre conservation, la nation s'est jetée à corps perdu dans la République nouvelle dont elle a légitimé l'origine par une adhésion unanime. D'abord, par nécessité et comme expédient immédiat de salut pour le présent. Plus tard, par l'ascendant de la raison et comme germe de puissance et de réhabilitation pour l'avenir, parce qu'elle devenait la solution définitive de l'antagonisme acharné des deux principes rivaux dont les luttes perpétuelles ont frappé d'impuissance tous les Gouvernements qui se sont succédé depuis la chute de l'Empire; parce qu'elle absorbait tous les dissidents et les triomphateurs eux-mêmes, dans une sainte communion d'amour et de dévouement pour la Patrie; parce qu'en ouvrant une ère nouvelle à son organisation fondamentale, à son administration et à sa politique, elle permettait l'espérance d'une plus noble destinée et d'une stabilité mieux assurée.

Affranchie des traditions du passé et des intérêts de dynastie, elle devient libre et maîtresse d'appliquer à la perfection de son œuvre, selon son intelligence et sa sagesse, les ressources infinies que présente à sa toute puissance une population d'élite de 35 millions d'habitants, sur le sol le plus libéralement doté par la nature. Tous les moyens de Gouvernement, tous les éléments de prospérité publique et de bonheur social qui peuvent réaliser le programme qu'elle s'est donné, par le choix de la devise inscrite sur ses drapeaux, sont aujourd'hui entre ses mains; ses inspirations, ses combinaisons, n'ont plus d'autres limites que la Raison et l'Équité.

C'est donc à elle qu'il est donné de fixer enfin les destinées, jusqu'alors incertaines, de cette généreuse France; jadis si puissante, naguères si prospère, aujourd'hui si voisine d'une dissolution prématurée. — A elle, de fonder le monument politique et social qui doit braver les efforts du temps et les tentatives sacriléges de tous les partis et de toutes les mauvaises passions déchaînées par l'anarchie. A elle, d'abriter sous l'égide des lois et de la force, nos droits, nos libertés, notre honneur et nos intérêts. — Malheur à elle, malheur à nous, si elle n'avait ni l'intelligence, ni le courage de sa mission!

Quelques mois se sont à peine écoulés, et le sol est jonché de ruines. Mais le moment approche où l'ordre sera nécessairement rétabli, où la confiance renaîtra, où le crédit, ce mervilleux talisman de la civilisation, viendra restituer au Gouvernement les moyens de puissance dont il a besoin pour protéger la société contre l'irruption de la barbarie, en la rivant à sa base la plus solide: celle de la famille et de la propriété; l'excès du mal commandera le remède, et la nécessité en imposera les dures conditions. — Encore quelque temps, et les traces de l'ouragan auront disparu, les hommes et les choses auront repris le niveau que leur assigne leur valeur respective, comme les éléments bouleversés par l'orage reviennent se classer suivant leur pesanteur spécifique et les lois d'agrégation.

Devançons l'heure solennelle de cette glorieuse résurrection évoquée par les vœux les plus ardents de tout ce qu'il y a d'êtres sensés et honnêtes, et supposons qu'après avoir franchi le gouffre immonde ouvert devant elle, la France aura repris une assiette honorable, solide et définitive; qu'elle se sera donné la constitution la plus libérale que puisse prétendre le patriotisme le plus ardent, mais le plus éclairé : assez généreuse pour satisfaire tous les besoins légitimes, assezforte pour résister à toutes les passions; qu'elle ait garanti la stabilité du système par l'intelligente pondération des forces mises en action; que ses institutions soient les conséquences logiques du principe organisateur; que le mécanisme des services publics soit approprié le plus simplement et le plus directement au but; et qu'enfin la force vienne en aide à la justice pour la protection de tous et pour la défense générale, au dedans comme au dehors.

Alors s'ouvrira pour elle une ère de gloire et de prospérité. Ce ne sera pas seulement par les nobles travaux de l'intelligence, qu'elle disputera à tous les peuples de la terre l'honneur de la prééminence. Elle prendra d'elle-même, et sans le concours mendié d'une alliance équivoque, la position qui lui appartient dans le monde. Sa seule puissance servira mieux ses intérêts que les concessions, les flatteries ou les finesses de la diplomatie. Non que je veuille rouvrir à sa vaillance la lice des combats, mais j'ose penser que les nécessités de la paix, c'est-à-dire les seules conditions qui peuvent l'assurer et la perpétuer indéfiniment, suffiront pour lui restituer les conquêtes de la République première. Conquêtes, qu'elle avait arrachées à la coalition de l'Europe entière, en se défendant contre une injuste agression; conquêtes, qui n'étaient point celles de l'Empereur et qui lui avaient été garanties par un traité solennel, en même temps qu'elles avaient été compensées par des cessions au moins équivalentes pour les souverains dépossédés, et par de généreuses sustentations pour les princes usufruitiers.

Nous n'entendons comprendre sous le nom de conquêtes que celles qui nous avaient rendu les limites de notre vieille Gaule; limites tracées par la nature, limites nécessaires à notre défense et dont nous ne pouvons consentir l'abandon sans compromettre notre sûreté et faire acte de honteuse faiblesse. Si cette coalition tant de fois abattue par la puissance de nos armes et toujours relevée par les efforts et l'or de l'Angleterre n'avait consulté que ses intérêts bien entendus et les véritables conditions d'une paix sincère et durable, elle n'eût pas, dans l'ivresse d'un triomphe inaccoutumé, infligé l'outrage et jusqu'à l'infamie à la nation la plus susceptible et la plus valeureuse. Il fallait, ou détruire la France, ou la traiter avec générosité. Toute paix, en dehors de cette nécessité, ne pouvait être qu'une trêve. Elle laissait au cœur de chaque Français une haine implacable, héréditaire dans chaque famille.—Ce sentiment profond commande une réparation.

C'est donc la limite assignée à la France par les traités antérieurs à l'Empire que doit réclamer la République nouvelle, comme une propriété dont la force n'a pu la dépouiller légitimement, puisqu'il suffit de la force pour la reprendre avec justice. Cette restitution est le complément indispensable de notre assiette géographique, la garantie de notre sécurité, le seul gage certain d'une paix éternelle entre l'Allemagne et la France. Le Rhin est la véritable limite des deux familles. C'est vainement et mal à propos que l'Allemagne en revendique la possession exclusive. Ce beau fleuve appartient, à titre égal, à chacune des deux nations. C'est sur ses deux rives que sont écrites les premières pages de l'histoire contemporaine des Germains et des Gaulois. — Que désormais il ne soit plus le théâtre de leurs sanglantes querelles! — Qu'il devienne pour toujours une limite de bon voisinage et la voie commune de leurs échanges mutuels et bienveillants!

Se prévaloir de la similitude des races pour établir un droit de nationalité sur les territoires, c'est nier les faits constatés par les monuments les plus irrécusables. César, le plus grand capitaine de l'antiquité, qui, pendant une guerre de dix ans, a parcouru toutes les provinces de la Gaule, en trace les limites avec toute la précision que donne une certitude matérielle. Il la circonscrit expressément par la rive gauche du Rhin. Tous les peuples qu'elle renferme, ceux de Mayence, ceux de Trèves, ceux de Cologne, sont dénommés Gaulois tout aussi bien que ceux qui habitent les deux rives de la Meuse, de la Seine ou de la Loire. Il appelle Germains tous les peuples qui sont au delà du Rhin. — Voilà le titre primitif de l'assiette réelle de la France et de l'Allemagne.

Les hordes germaniques qui, au déclin de l'Empire de Rome et de Bizance, ont inondé le midi de l'Europe et formé des établissements dans les Gaules, l'Italie et l'Espagne, se sont fondues, avec le temps, dans les masses indigènes, et n'ont pu conférer un droit de propriété ou de succession aux souches dont elles sont sorties. La rive gauche du Rhin demeure la limite de la Gaule, comme la rive droite est celle de la Germanie. La force peut donc être invoquée pour reprendre un territoire de famille échappé des mains du légitime possesseur, un jour de mauvaise fortune.

Ce n'est pas seulement sous la République première que nous l'avons reconquis. Nous l'avons possédé sous Charlemagne, et c'est à la décadence des Rois de la seconde race que ces provinces ont été démembrées du premier empire français, pour fonder de grands fiefs au profit de quelques princes ou alliés de la famille impériale. — Entre les peuples, il n'y a de prescription que pour l'impuissance.

Toutefois, ce n'est pas des preuves historiques qui établissent la position primordiale des deux nations que je prétends déduire un droit de restitution en faveur de la République nouvelle, pour les frontières que s'était données sa sœur aînée. J'ai seulement voulu opposer l'authenticité des faits aux assertions téméraires de quelques poètes allemands qui s'adjugent les deux rives du Rhin, comme propriété nationale de toute antiquité, fiction patriotique fort louable, sans doute, mais inconciliable avec la vérité !

Je m'efforcerai d'établir par des considérations d'un plus grand poids la convenance, l'utilité, et j'ose dire la nécessité de rattacher à la France les provinces qui en ont été déchirées si violemment, par un traité imposé par la seule force, sous l'inspiration d'un sentiment irréfléchi de haine et de vengeance qui a fait perdre de vue les vrais conditions de sa perpétuité et sacrifier l'avenir au présent.

La question politique que soulève notre proposition est l'une des plus importantes qui puissent provoquer l'attention et la méditation du Gouvernement. Le résultat probable de la solution proposée est incontestablement ce qu'il y a de plus désirable, de plus utile et de plus heureux pour la France. La limite du Rhin n'aurait pas seulement cet avantage qu'elle nous restituerait un territoire fertile, couvert d'une population nombreuse, active, industrieuse et sympathique avec la nôtre, qui nous éleverait au plus haut degré de puissance que nous puissions jamais atteindre. Elle nous donnerait encore les moyens de la perpétuer, en complétant l'assiette territoriale qui doit nous garantir une sécurité et une fixité éternelles. Invulnérable sur tout son pourtour, la France n'aurait plus de guerres possibles et raisonnables à redouter. Pleinement satisfaite de tous les genres de richesse et de prospérité que la nature a renfermés dans l'enceinte que sa libéralité lui a tracée, elle n'aurait plus aucun intérêt à sortir de ce cercle fortuné pour se livrer aux écarts d'une ambition extravagante, que le bon sens national repousserait d'une improbation générale. Jamais État ancien ou moderne n'aurait réuni par sa position géographique, la masse homogène de sa population, l'esprit et le caractère des peuples, autant de conditions de perpétuité, de puissance extérieure et de bonheur domestique.

Mais de tous les avantages que cette acquisition doit nous procurer, celui qui reçoit une importance immense des circonstances politiques où se trouve la France, et qui me semble décisif pour le maintien de la forme gouvernementale qu'elle vient de se donner, c'est de relier à la République nouvelle tous les souvenirs et tous les sentiments qui se rattachent au nom de Napoléon et à ses œuvres. C'est lui qui a fait reconnaître la République par toutes les puissances du continent. C'est à lui qu'elle a dû les deux traités qui lui ont conféré les frontières que nous réclamons pour son héritière, savoir : le Traité de Campo-Formio, prix glorieux des savantes campagnes d'Italie ; et le traité d'Amiens, autre prix non moins éclatant de la merveilleuse et féconde victoire de Marengo.

L'orgueil national sera d'autant plus flatté de cette réparation tardive, qu'il a été plus profondément blessé par les conditions humiliantes des traités de Vienne et de Paris. Ce ne sont pas même les anciennes limites de la France monarchique qui nous ont été concédées. On les a torturées dans un but d'outrage et de domination permanente. Ce n'est pas dans l'intention équitable d'assurer réciproquement les états qu'elles séparent, qu'elles ont été tracées, mais bien dans le dessein perfide de favoriser les invasions jusqu'au cœur du pays; soit dans les Vosges et la vallée du Rhin par *Landau*, et dans la Lorraine par *Sarrelouis;* soit sur l'Aisne et Paris, par la trouée de *Philippeville* et *Marienbourg;* soit sur Lyon, par la *Savoie* et le Dauphiné; soit en Provence, par le comité de *Nice*.

Telle est la position, à la fois honteuse et périlleuse, qu'a faite à la France cette coalition germanique dont elle avait traité avec tant de générosité les États de Bade et de Hesse-Darmstadt, le Wurtemberg et la Bavière. Pour comble d'outrage et pour dernière insulte, elle nous a forcé de démanteler Huningue et d'en raser les fortifications.

Resterons-nous sous le poids accablant du mépris? — En vue de quel intérêt public la France pourrait-elle consentir au sacrifice de son honneur et de sa dignité?

La branche aînée des Bourbons ne serait pas tombée, si elle n'eût pas été détournée par une influence étrangère de la mise à exécution d'un projet similaire qui avait reçu bon accueil de la part d'une grande puissance intéressée au succès.—La branche cadette n'aurait pas perdu la plus belle couronne du monde, si le malheureux roi, issu comme la République nouvelle du pavé des barricades, avait profité de l'enthousiasme de quelques millions de gens de cœur pour aller fonder sa dynastie sur les bords du Rhin, au lieu de l'appuyer sur une fausse et trompeuse alliance. — Que la République avise! elle n'a chance de vie qu'autant qu'elle nous réhabilitera aux yeux des peuples témoins de notre épouvantable chute.

Je sais bien qu'une partie de la population est aujourd'hui sous l'influence de certaines doctrines philosophiques qui l'ont égarée par l'appât d'un bien-être dont la première condition est la subversion de la société. Espérances calamiteuses, parce qu'elles n'admettent aucune réalisation possible, et qu'en jetant le trouble dans les esprits, elles ont développé le germe funeste d'un mécontentement permanent qui se traduit par les tentatives incessantes de la force brutale contre le droit et les lois, contre l'ordre et le pouvoir qui a mission de le défendre. — Que la glorieuse limite de la République nous soit rendue, et les fausses idées qui agitent les masses disparaîtront devant l'éclat d'un triomphe inattendu qui réveillera au cœur de cette population si turbulente le sentiment de sa dignité, et l'énergie d'un patriotisme mieux éclairé. Elle abandonnera les chimères pour les réalités et prendra confiance dans la République nouvelle qui aura signalé sa puissance par un acte de virilité.

Nous avons supposé que cette restitution pourrait s'accomplir sans avoir recours à la force des armes, et par les seules nécessités de l'état actuel de l'Europe et du besoin général de la paix. Essayons de donner à cette assertion l'autorité de la raison. L'Allemagne et l'Italie sont aujourd'hui bouleversées de fond en comble, et c'est avec l'Italie et l'Allemagne qu'il s'agit de traiter de la délimitation qui doit donner aux trois États garantie réciproque de sécurité, et devenir le gage d'une paix sincère et indéfinie, parce qu'elle aura concilié tous les intérêts de voisinage, et substitué une bienveillance mutuelle aux sentiments hostiles que laisse au cœur des peuples toute condition humiliante ou injuste, imposée par la vengeance, dans l'orgueil d'une victoire fortuite; laquelle, à son tour, établit un droit de revanche, dont l'occasion ou le prétexte ne manque jamais, et qui peut devenir funeste au premier triomphateur.

L'Italie, dont le sort n'est point encore fixé et qui combat avec courage pour s'affranchir de la domination étrangère, et constituer enfin son unité, n'atteindra son noble but qu'autant qu'elle interposera un État puissant entre elle et l'Allemagne. Un tel État ne peut être qu'une monarchie constitutionnelle qui comprendra la Vénitie, la Lombardie, et les petites principautés comprises dans leur sphère d'activité, réunies à l'ancienne République de Gênes et au Piémont. C'est à

Charles Albert que cette brillante couronne doit être offerte : car c'est lui, lui seul, qui peut être le libérateur de l'Italie. — Toute autre combinaison ramènerait l'Autriche au cœur de l'Italie.—Que Dieu la protége et l'éclaire, pour qu'elle n'ait pas la folle pensée de rétablir toutes ces petites républiques démocratiques du moyen-âge, constamment en rivalité d'intérêt et d'amour-propre, et qui, toutes, ont péri par l'exagération du principe qui les avait constituées. Gênes et Venise, républiques aristocratiques, ont seuls parcouru une longue et glorieuse carrière ; elles n'ont succombé que sous la formidable puissance de notre République première.

La Toscane, les États de l'Église, Naples, la Sicile, organisés séparément en États indépendants et sous telle forme de Gouvernement que chacun d'eux voudra se donner, formeront avec le royaume de l'Italie supérieure une association fédérative dont les conditions seront amiablement convenues, soit pour la défense commune, soit pour la répartition proportionnelle des produits des douanes, soit pour la libre circulation des personnes et des marchandises, dans toute l'étendue de la Péninsule. De telle sorte que l'Italie entière ne formera plus qu'une seule terre et un seul peuple. Rome, la ville éternelle, est convenablement située pour devenir la résidence du congrès fédéral. A l'autorité des décrets du Conseil, viendrait s'ajouter la sanction morale, qui semble dériver naturellement du profond respect porté au vénérable chef de l'Église et de la sainteté des lieux.

Nous avons dit que l'Italie ne pourrait fonder sûrement son indépendance et son unité que par la protection et sous la sauvegarde de Charles Albert, comme Roi de l'Italie supérieure. Le Piémont recevrait donc un accroissement de territoire et de population au moins double de ce qu'il possède. — Qui pourrait alors contester que la France, dont la bienveillance sympathique n'est point étrangère à cette bonne fortune, ne dût profiter d'une circonstance aussi favorable pour réclamer, à titre de frontières nécessaires à sa sécurité, la restitution de la Savoie et du Comté de Nice que les traités de 1815 lui ont enlevés!

D'autant, que les mêmes traités qui la dépouillaient impitoyablement ont gratifié le Roi de Piémont de la superbe Cité de Gènes et des États qui lui appartiennent; probablement comme l'indemnité anticipée d'une restitution prévue. Nous ajouterons que la Savoie est le plus triste et le plus pauvre des pays; qu'il n'est pas même Italien, puisque le français est l'idiome général; et qu'il n'a d'importance que pour nous, comme frontière de sûreté. Nous insisterons pour le Comté de Nice, parce que ce très-mince district renferme les débouchés qui conduisent en Provence.

Nous osons penser qu'on ne saurait nous opposer une objection fondée sur les traités de 1815, puisqu'il s'agit précisément de la réparation des outrages et des préjudices reçus par ces traités. Que, d'ailleurs, ils ont été violés sans pudeur par les grandes puissances du continent qui en ont été les signataires et les garants, et qui, suivant les circonstances ou les nécessités d'État, n'ont point hésité à s'emparer du royaume de Pologne et de la république de Cracovie. —La séparation de la Belgique du royaume des Pays-Bas, et sont installation comme état indépendant, constitue également une violation manifeste des mêmes traités. — Enfin, ils ont été solennellement abrogés par la déclaration officielle de M. de Lamartine, comme organe et membre du Gouvernement provisoire, et par conséquent par la République elle-même.

La rectification de nos frontières, du côté de l'Italie, me paraît donc une opération facile. La négociation qui doit nous l'obtenir ne saurait rencontrer des difficultés sérieuses, parce qu'il est de l'intérêt du Piémont, comme du reste de l'Italie, de ne pas susciter des embarras aux premiers actes d'une vie nouvelle et mal affermie. Au besoin, une démonstration comminatoire lèverait tous les obstacles. Car si la résistance allait jusqu'à l'obstination, l'Italie nouvelle courrait l'extrême péril de se trouver attaquée simultanément à l'ouest et à l'est, par la France et l'Autriche qui ne manquerait pas cette occasion de ressaisir sa proie. — Le Piémont et l'Italie accorderont de bonne grâce ce qu'il serait dangereux de refuser.

Ce premier succès nous facilitera une entreprise plus laborieuse : celle de rentrer en possession de notre Rhin. Je dis de notre

Rhin, parce qu'il nous appartient par destination, comme frontière et barrière naturelle ; c'est sur ses rives que nous avons tracé de notre sang les annales militaires et les limites de la République ; les villes qui les bordent sont à la fois les médailles vivantes qui attestent ses triomphes et les titres éternels d'une propriété légitime. — A elle de les faire valoir, ou de renoncer à son nom !

Nous n'avons pas, à l'égard de la Prusse, à nous prévaloir des mêmes arguments qu'envers l'Italie. Il ne s'agit plus ici de racheter la restitution d'une limite de sûreté par une accession bienveillante à l'accroissement de territoire et de population qui change les rapports de force relative entre deux peuples voisins. Loin d'acquérir une augmentation de puissance, la Prusse est exposée à voir déchoir la sienne, par les changements que peut amener la révolution qui travaille et agite ses États. — La Prusse Ducale, premier fleuron de sa couronne Royale, et qui par sa position se trouve isolée entre la Pologne, la mer et la Vistule, a manifesté des velléités de séparation. — La Silésie, qui a déjà donné des signes de désaffection, pourrait bien être entraînée dans le mouvement des populations Slaves, s'il prend consistance, se rattacher au dernier lambeau laissé à l'Autriche, se joindre à la Moravie et s'unir au royaume de Bohême. — Le duché de Posen présente aussi ses difficultés. — Les provinces de la rive gauche du Rhin n'ont pas perdu tout souvenir de leur ancienne fraternité. Elles ont été associées à la gloire et aux honneurs de l'Empire. — Enfin, le sort de la monarchie centrale n'est-il pas livré aux chances incertaines de la lutte des partis?

Dans une telle position, la Prusse doit se trouver plus accessible aux revendications de la France, et quoi qu'il en coûte à son orgueil, elle est obligée de prendre conseil des périls qui la menacent. Le territoire qu'elle occupe aujourd'hui sur la rive gauche du Rhin, sous le titre de Grand Duché, se compose, en presque totalité, des anciens Électorats de Mayence, de Trèves et de Cologne; or, les princes usufruitiers de ces trois États ont été indemnisés par les traités qui nous en ont tranféré la propriété. La Prusse ne les possède donc que par le droit du plus fort. Droit toujours litigieux et qui ne subsiste qu'autant que la force qui l'a fondé demeure force. — Qu'on se rappelle que c'est sous les efforts de l'Europe entière et après les désastres irréparables de la campagne de Russie, que l'Empereur et non la France a succombé. C'est lui que sa haine a poursuivi avec un acharnement impitoyable, pendant que les hautes puissances affectaient de témoigner à la France un intérêt bienveillant, dont la sincérité s'est manifestée par la spoliation, non pas seulement des conquêtes que deux traités, signés par elles, avaient consacrées; mais encore des forteresses et des positions défensives qui appartenaient à l'ancienne monarchie qu'elles prétendaient rétablir dans son intégralité. C'est la Prusse qui a été mise en possession de cette riche dépouille, et que leur vengeance nous a imposée pour espion et pour geôlier. C'est la Prusse, qui n'est qu'à six journées de marche de la capitale de France!

Si nous n'avions à nous prévaloir d'aucuns des justes motifs de restitution que nous fournissent les faits antérieurs et les circonstances dans lesquelles ils se sont produits; si notre honneur n'avait aucune réparation à exiger pour les outrages reçus; nous déduirions de la seule nécessité de pourvoir à notre sûreté, l'obligation sérieuse de réclamer une délimitation moins injurieuse et moins hostile. Mais il y va, non pas seulement de l'honneur, mais de la vie, pour la République. Elle n'a que ce moyen de se faire pardonner son origine et ses agents, et de réparer les maux qu'elle a causés. Elle n'a que ce moyen de se faire accueillir avec enthousiasme et sincérité par tous les partis, par toute la population des villes et des campagnes, par l'armée qui se verra restituer le prix de sa valeur et de son sang, par le commerce et l'industrie qui trouveront dans l'accroissement de la puissance nationale une cause nouvelle de sécurité pour les capitaux engagés envers l'État, et qui contribuera à relever le crédit, à ouvrir un champ plus vaste et plus sûr de spéculations et d'entreprises; à rendre plus efficace l'influence du Gouvernement dans les relations de peuples à peuples, et dans les traités de commerce; et par-dessus tout, à élever une barrière infranchissable contre tous les prétendants quelconques, même contre celui dont le nom n'a tant de séduction que parce qu'il rappelle l'ancienne gloire et l'ancienne puissance de la France. — Qu'aurait-il à lui apporter ou à lui promettre si la République l'avait devancé par la restitution de cette puissance si regrettée, et par la glorieuse installation d'un Gouvernement loyal, honnête, généreux, donnant garantie positive à nos libertés, nos droits et nos intérêts? Gouvernement dont nous serions fiers et que tous seraient prêts à défendre, au dedans comme au dehors.

La négociation qui aurait pour objet la restitution de la limite du Rhin, n'offrant ni les mêmes arguments de discussion, ni le même degré de probabilité pour le succès, que celle qui concerne les frontières de l'Italie; nous pensons qu'elle doit être accompagnée, non pas d'une démonstration comminatoire imminente, mais bien de la possibilité de faire surgir, au besoin, une armée puissante toute organisée qui se mettrait en mouvement au premier ordre donné. Cette armée pourrait être tenue à Paris et dans ses environs sans attirer l'attention de l'Étranger et même des Parisiens, parce que son rassemblement et sa présence dans la capitale paraîtraient suffisamment justifiés par l'obligation de prévenir ou de réprimer les désordres dont elle serait supposée menacée. Tout pourrait être prévu et concerté d'avance. Cette armée serait tenue sous la main de son chef qui, dans une circonstance déterminée, disposerait d'elle comme Napoléon disposa de celle de Boulogne, lorsque l'Autriche rompit son ban à l'improviste et fit irruption par la vallée du Danube. Cette armée fut mise en mouvement suivant un plan de campagne arrêté. Chaque corps suivit la direction qui répondait à sa destination, et au jour donné elle se trouva réunie et placée dans un ordre de bataille conforme aux desseins du chef; l'armée du général Mack fut rejetée dans Ulm et obligée de mettre bas les armes.

Malgré l'importance de la rétrocession réclamée de la Prusse, on peut admettre la possibilité de son acquiescement, parce que les embarras dans lesquels elle se trouve engagée ont encore une importance plus grave.

Nous n'avons point parlé de la Belgique

et de la portion du Luxembourg qui appartient au Roi de Hollande, parce que si la restitution du Rhin, de quelque manière qu'elle soit obtenue, nous est définitivement acquise, les deux territoires tombent sans coup férir. Seulement ils nous imposent l'obligation d'un corps d'observation pour assurer les opérations de l'armée, en la garantissant de tout mouvement contre ses flancs et en coopérant avec elle, si les circonstances le commandaient.

Des deux puissances que nous faisons intervenir, la Hollande nous paraît être dans une condition différente que la Prusse, et la coercition ne serait plus le mode que nous croirions convenable d'employer avec elle. Nous proposerions à son égard la stipulation d'une indemnité ou d'un rachat, tant pour le Luxembourg que pour les portions de son propre territoire que nous serions obligé de retenir pour parfaire les limites du traité d'Amiens. Il nous convient de la détourner de tout projet de coalition avec la Prusse, comme aussi de nous préparer des relations de bon voisinage avec elle, en lui laissant entrevoir les dispositions les plus favorables pour lui prêter, le cas échéant, secours efficace contre les prétentions des Anglais, dans les détroits de la Sonde, où elle possède des établissements d'une très-haute importance.

Quant à la Belgique, c'est nous qui l'avons réellement constituée puissance indépendante et qui l'avons mise en possession d'Anvers. Nous ne changerons pas de rôle et nous lui donnerons l'assurance formelle de respecter sa neutralité. Mais cette indépendance dont elle se montre si jalouse, flatte plus son amour-propre qu'elle ne sert ses intérêts. Elle aurait tout à gagner en s'unissant à nous, car nous offrons a quelques-unes de ses productions et aux produits de son industrie une consommation de 35 millions d'âmes, qu'elle chercherait en vain dans le reste du monde. L'Angleterre et le Zoll-Verein ont des produits similaires aux siens, et qu'ils continueront à protéger. Sa position ne pourra qu'empirer, et le jour viendra où ce sera elle qui demandera à rentrer dans la famille. Même religion, même langue, souvenirs communs, tout nous rapproche, tout doit nous réunir. En effet, par la continuité de notre limite, des bords de l'Océan à l'embouchure de la Meuse, nous l'enveloppons et ne lui laissons de débouchés qu'Ostende et Anvers. Elle dépend donc de nous sur le reste de son pourtour. — Elle nous reviendra!

Nous avons laissé entre la Prusse et la France quelques enclaves dont nous devons tenir compte: ce sont le Duché de Deux-Ponts, à la Bavière; un district très-étroit, à Saxe-Cobourg; et quelques dépendances du Grand Duché de Darmstadt. Le système des indemnités nous paraît devoir leur être applicable. Nous en exceptons, toutefois, la Bavière, que l'Empire a décorée d'une couronne Royale et qui nous a si lâchement trahi dans la retraite de Leipzig, en nous barrant la route de Hanau, pendant qu'elle nous attaquait de flanc. C'est par un effort de la plus grande vigueur que l'Empereur s'est dégagé de cette indigne surprise.

Pour les autres intéressés, quelques millions d'indemnité seront pures largesses, car tout tombe entre nos mains par la cession du Rhin.

Nous avons fait connaître les expédients

que nous ont suggérés les localités et les possesseurs des territoires que nous avons tant d'intérêt de rattacher à la France, pour en demander la restitution, ou pour en proposer le rachat. La seule difficulté réelle est celle qu'oppose la Prusse. Mais si épineuse qu'elle soit, nous ne balançons pas à attribuer à l'entreprise une importance telle, qu'elle nous paraîtrait commander les plus grands sacrifices et les plus grands efforts, si les circonstances ne nous permettaient pas l'espérance d'un succès moins chèrement acheté. Nous avons dépensé quinze cent millions pour la conquête de l'Algérie que nous courons les risques de perdre à la première guerre avec l'Angleterre ; et qu'est-ce que toute l'Algérie comparativement à douze ou quinze départements, couverts chaque année des plus riches récoltes ; pourvus d'une population laborieuse, intelligente, familière avec tous les genres d'industrie, et qui ne compte pas moins de huit ou dix millions d'âmes ; parsemés de grandes et belles villes, puissants foyers d'activité et de consommation! Un tel territoire réuni à la France constituerait l'État le plus puissant et le plus prospère; fût-il même, comme la Chine, isolé du monde entier!

La libéralité de notre caractère nous entraîne vers toutes les infortunes. Nous sommes toujours prêts au sacrifice de notre argent et de notre vie, non-seulement pour nos voisins, mais pour les peuples qui ne sont pas même à la portée de nos secours. Pourquoi ne reporterions-nous pas sur nous-même ces élans de générosité? Pourquoi ne ferions-nous pas pour notre puissance, pour notre bien-être, ce que nous sommes disposés à entreprendre avec tant de désintéressement, par gloriole et par vanité? Je ne flétrirai pas un sentiment honorable en lui-même par l'injurieuse appellation de Don Quichottisme, mais je laisse aux plus ardents à décider consciencieusement s'il n'y a pas quelque chose de cela dans leur exagération enthousiaste. — Au reste, nos vœux seront en partie comblés. L'Italie, *si elle est sage*, s'affranchira, j'espère, de l'étranger et fondera solidement son unité nationale. Mais la Pologne n'a qu'un seul moyen de reconstituer la sienne:

c'est de se rattacher à la Russie pour former un royaume unique, sous un Roi de la famille impériale; le temps fera le reste; les projets de la Russie sur Constantinople et l'empire d'Orient peuvent amener des chances favorables à la séparation et à l'indépendance. — Il existerait au moins une POLOGNE !

Je crains de rencontrer contre le projet que je viens d'exposer, l'opposition d'un autre travers assez commun chez nous, qui prend sa source dans de nobles sentiments et dans les idées philosophiques qui travaillent nos mobiles cerveaux. C'est cette philanthropie cosmopolite qui, dans l'expansion d'une bienveillance universelle, ne voit que des frères dans tous les peuples de la terre, et qui est disposée à tout concéder, plutôt que de froisser un seul intérêt étranger pour servir un intérêt national, sans s'inquiéter de la réciprocité. Mes vues sont moins générales; elles n'embrassent que la réalité des choses. Sans exclure des combinaisons d'une politique bienveillante les autres nations répandues sur la terre, toutes mes affections restent concentrées sur celle à laquelle j'appartiens, sur celle qui m'a nourri, que j'ai servie, sur la patrie enfin, dont le seul nom réveille au cœur du citoyen tous les sentiments d'amour et de dévouement. Ce n'est plus comme simple division de la grande famille humaine qu'elle devient l'objet de mes pensées et de mes vœux. C'est à elle que je rapporte le monde entier ; ce sont ses intérêts exclusifs que je prends pour règle de mes jugements, de mes devoirs, de mes actions. Voilà, je le confesse humblement, voilà mon patriotisme, à moi. Il comprend le sol, les choses et les hommes.

Le projet que je reproduis aujourd'hui n'a cessé d'occuper ma pensée depuis les traités humiliants qui ont spolié la France de la puissance que tant de glorieuses victoires, tant de sacrifices et d'efforts avaient acquise à la République première. Sous tous les régimes, j'en ai poursuivi l'adoption avec une persévérance infatigable, en l'entourant des formes et des combinaisons que comportaient les nécessités des temps et que réclamaient les moyens d'exécution. J'étais parvenu à le faire accueillir par la Restauration et par la haute puissance dont le concours devait en assurer le succès, lorsqu'un intérêt opposé fit surgir le ministère Polignac, et bientôt après, la Révolution de 1830.— Je le représentai à l'avénement de Louis-Philippe, mais on crut mieux servir les intérêts de la dynastie nouvelle par le sacrifice des vrais intérêts d'État, et la branche cadette de nos anciens rois a croulé comme la branche aînée, sous le poids de la malédiction populaire. J'ose penser que tout gouvernement qui aurait su s'associer au sentiment d'honneur national et poursuivre la juste réparation des outrages reçus aurait été plus solidement affermi par l'estime et la reconnaissance publiques, que par toutes les concessions arrachées à la faiblesse, même en vue de la PAIX. Car elle ne subsiste, avec ses heureux produits, qu'autant qu'elle est honorable et appuyée par la force; c'est-à-dire par la puissance qui est non-seulement la garantie de la prospérité acquise, mais l'élément le plus efficace pour la développer, au dedans comme au dehors, et pour en assurer la jouissance et la perpétuité. Qu'il me soit donc pardonné de chercher à faire prévaloir sur de fallacieuses et stériles doctrines des intérêts d'une très-haute importance, dnas tous les temps, et qui pour une République nouvelle, encore incertaine et mal affermie, peuvent devenir la condition décisive de sa future destinée.

Gal L. A. DE RICHEMONT.

12 *Juin* 1848.

FIN.

RENSEIGNEMENTS JUGÉS UTILES.

Depuis les traités de 1815, le projet dont il est ici question, a constamment occupé ma pensée. Sous le ministère Martignac, j'étais parvenu à le faire adopter par la Restauration. Le général De Caux, alors ministre de la guerre, me fit appeler pour me faire savoir que mes Mémoires avaient décidé le Conseil à entrer franchement dans ma politique. Il m'annonça que des négociations avaient été ouvertes avec l'Empereur de Russie et que des officiers français avaient été envoyés à l'armée du Danube. Il m'engagea à faire lithographier mes Mémoires pour les répandre dans les deux Chambres, afin de les disposer à accorder les subsides nécessaires au Gouvernement pour suivre l'exécution du projet : ce que je m'empressai de faire.

Quelques semaines plus tard, le ministère Polignac surgit à son tour, et la fameuse adresse de la Chambre des Députés fit éclater la révolution de 1830.

Un mois après, M. de Mortemart, l'ancien ambassadeur qui revenait de Russie, crut devoir me rendre une visite pour acquitter, disait-il, la dette de la France envers moi; en me faisant connaître que mes Mémoires, longtemps discutés entre l'Empereur et lui, avaient porté dans l'esprit du souverain une telle conviction de l'utilité réciproque d'une alliance commune entre les deux couronnes, qu'il avait tout accepté, et que la France allait reprendre la ligne du Rhin. Il ajouta que la méfiance de l'Angleterre aurait deviné ou supposé le but de fréquentes conférences de l'ambassadeur avec l'Empereur, et que l'avénement du ministère Polignac avait du être le funeste résultat de son influence. — Sur mes questions, M. de Mortemart ne craignit pas de me déclarer que la coalition comptait assez peu sur une longue observation des traités de 1815, et que dans sa propre conviction, elle ne doutait pas que la première complication des intérêts politiques en Europe, ne dut mettre la France en possession de sa limite du Rhin.

Si je me permets de mentionner ici quelques circonstances où mon amour-propre se trouve intéressé, j'ose espérer que je ne serai pas soupçonné d'une ridicule vanité, et que l'on ne verra dans les détails que je viens de rapporter, que la seule facilité d'en vérifier la sincérité, puisque je ne crains pas d'appeler de son nom un personnage de trop haute distinction et d'un caractère trop honorable pour que son témoignage ne soit pas accueilli comme la vérité.

Mon but est de prouver que le succès de la négociation ou de la démonstration comminatoire proposée, n'est dépourvue ni de possibilité ni de probabilité, et que l'heure de cette complication politique prévue par la coalition vient de sonner pour l'honneur de la France, pour l'affermissement de la République, pour la gloire et la prospérité de son avenir.

DE RICHEMONT.

Imprimerie de Ph. Cordier, rue du Ponceau, 24.

www.ingramcontent.com/pod-product-compliance
Ingram Content Group UK Ltd.
Pitfield, Milton Keynes, MK11 3LW, UK
UKHW032016260826
14628UKWH00006B/2522

9 782012 4595